1)675

PETIT MANUEL

DE L'ENFANCE,

ou

ABÉCÉDAIRE CHRÉTIEN,

A l'usage des petites classes des Maisons de
La Sainte-Union.

LILLE, IMPRIMERIE DE L. DANEL.

1845.

PREMIÈRE

B	C	D	F
G	H	J	K
L	M	N	P
Q	R	S	T
V	W	X	Z
A	E	I	O
U	Y	Æ	OE

PARTIE.

b	c	d	f
g	h	j	k
l	m	n	p
q	r	s	t
v	w	x	z
a	e	i	o
u	y	æ	œ

1	2	3	4	5
6	7	8	9	10
11	12	13	14	15
16	17	18	19	20
21	22	23	24	25
30	35	40	45	50
55	60	65	70	80
90	100	105	110	115
120	130	140	150	200
300	400	500	600	1000

I	II	III	IV	V
VI	VII	VIII	IX	X
XI	XII	XIII	XIV	XV
XVI	XVII	XVIII	XIX	XX
XXI	XXII	XXIII	XXIV	XXV
XXX	XXXV	XL	XLV	L
LV	LX	LXV	LXX	LXXX
XC	C	CV	CX	CXV
CXX	CXXX	CXL	CL	CC
CCC	CD	D	DC	M

ba	de	li	mo
nu	pa	re	ti
va	zi	vu	xo
ca	co	cu	qui
ga	go	gu	ki
ça	ço	çu	se
gea	geo	ge	gi
brà	plé	frè	haï
gné	clî	chû	oü
thâ	sy	vos	s'il

du | des | les | aux

mon | ton | son | ils

nos | vos | leur | s'ils

pas | loi | jeu | mur

mais | vous | point

char | cour | main

phar | gant | cent

deux, | banc. | poingt,

corps; | quand? | pied :

le-çon! | man-gea.

DEUXIÈME PARTIE.

I.

LE | SI-GNE | DE | LA CROIX.

Au | nom | du | Pè-re, | et | du | Fils, | et du | Saint-Es-prit. Ain-si | soit-il.

II.

L'O-RAI-SON | DO-MI-NI-CA-LE.

No-tre | Pè-re , | qui ê-tes | dans | les | Cieux ;

1. Que | vo-tre | nom soit | sanc-ti-fi-é.

2. Que | vo-tre | rè-gne | ar-ri-ve.

3. Que | vo-tre | vo-
lon-té | soit | fai-te, | sur
la | ter-re, | com-me
dans | le | Ciel.

4. Don-nez- | nous
au-jour-d'hui | no-tre
pain | de | cha-que
jour.

5. Par-don-nez-|nous
nos | of-fen-ses, | com-

me | nous | par-don-
nons | à | ceux | qui
nous | ont | of-fen-sés.

6. Et | ne | nous
a-ban-don-nez | pas | à
la | ten-ta-ti-on.

7. Mais | dé-li-vrez-
nous | du | mal.

Ain-si soit-il.

III.

LA | SA-LU-TA-TI-ON AN-GÉ-LI-QUE.

1. Je | vous | sa-lue, | Ma-rie, | plei-ne de | grâ-ce, | le | Sei-gneur | est | a-vec | vous.

2. Vous | ê-tes | bé-nie | par-des-sus | tou-

tes | les | fem-mes, | et Jé-sus, | le | fruit | de vo-tre | sein, | est | bé-ni.

3. Sain-te | Ma-rie, Mè-re | de | Dieu, | pri-ez | pour | nous, | pau-vres | pé-cheurs, | main-te-nant | et | à | l'heu-re | de | no-tre | mort. Ain-si | soit-il.

IV.

LE | SYM-BO-LE | DES A-PÔ-TRES.

1. Je | crois | en Dieu, | le | Pè-re | tout-puis-sant , | Cré-a-teur du | Ciel | et | de | la ter-re ;

2. Et | en | Jé-sus-

Christ , | son | fils | u-
ni-que , | no-tre | Sei-
gneur;

3. Qui | a | été | con-
çu | du | Saint-Es-prit ,
est | né | de | la | Vier-
ge | Ma-rie ;

4. Qui | a | souf-fert
sous | Pon-ce | Pi-la-
te , | a | é-té | cru-ci-

fi-é, | est | mort | et | a

é-té | en-se-ve-li;

5. Qui | est | des-

cen-du | aux | En-fers,

est | res-sus-ci-té, | le

troi - si - è - me | jour,

d'en-tre | les | morts;

6. Qui | est | mon

té | aux | Cieux, | est

as-sis | à | la | droi-te

de | Dieu, | le | Pè-re
tout-puis-sant ;

7. Et | qui | de | là
vien-dra | ju-ger | les
vi - vants | et | les
morts ;

8. Je | crois | au
Saint-Es-prit ;

9. La | sain-te | É-
gli-se | Ca-tho-li-que ,

la | com - mu - ni - on
des | Saints ;

10. La | ré-mis-si-
on | des | pé-chés ;

11. La | ré-sur-rec-
ti-on | de | la | chair ;

12. La | vie | é-ter-
nel-le.

Ain-si | soit–il.

V.

LES | TROIS | VER-TUS | THÉ-O-LO-GA–LES.

La | Foi, | l'Es-pé-ran-ce | et | la | Cha-ri-té.

1. AC-TE | DE | FOI.

Mon | Dieu, | je
crois | fer-me-ment
tou-tes | les | vé-ri-tés
qui | sont | en-sei-
gnées | par | l'É-gli-se
Ca-tho-li-que, | A-pos-
to-li-que | et | Ro-mai-
ne; | par-ce-que | vous

lui | a-vez | dit | et ré-vé-lé | tout | ce qu'el-le | nous | en-sei-gne | et | que | vous ne | pou-vez | pas nous | trom-per.

---

2. AC-TE | D'ES-PÉ-RAN-CE.

Mon | Dieu, | j'espè-re, | par | vo-tre

mi-sé-ri-cor-de, | que

vous | me | par-don-

ne - rez | tous | mes

pé-chés, | et | que

vous | me | fe-rez | la

grâ-ce | de | bien | vi-

vre | et | d'ar-ri-ver

en | Pa-ra-dis ; | par

ce-que | vous | nous

l'a-vez | pro-mis, | et que | Jé-sus-Christ nous | l'a | mé-ri-té.

---

3. AC-TE | DE | CHA-RI TÉ.

Mon | Dieu, | je vous | ai-me | de | tout mon | cœur | et | par-des-sus | tou-tes | cho-

ses; | par-ce-que | vous
ê-tes | sou - ve - rai - ne -
ment | ai-ma-ble, | et
j'ai-me | le | pro-chain,
com-me | moi-|mê-me,
pour | l'a-mour | de
vous.

VI.

LA | CON-FES-SI-ON DES | PÉ | CHÉS.

1. Je | con-fes-se | à Dieu | tout | puis-sant, à | la | bien-heu-reu-se | Ma-rie | tou-jours Vier-ge, | à | Saint Mi-chel | Ar-chan-ge,

2

à | Saint | Jean-Bap-

tis-te, | aux | A-pô-

tres | Saint | Pier-re

et | Saint | Paul, | à

tous | les | Saints, | que

j'ai | beau-coup | pé-

ché, | par | pen-sées,

par | pa-ro-les, | par

ac-ti-ons | et | par

o-mis-si-ons; | c'est

ma | fau-te, | c'est
ma | fau-te, | c'est
ma très- | gran-de
fau-te :

2. C'est | pour-quoi
je | sup-plie | la Bien-
heu-reu-se | Ma-rie
tou-jours | Vier-ge,
Saint | Mi-chel | Ar-
chan-ge, | Saint | Jean-

Bap - tis - te, | les | A-
pô-tres | Saint | Pier-
re | et | Saint | Paul,
tous | les | Saints, | de
pri - er | pour | moi
le | Sei-gneur | no-tre
Dieu.

3. Que | le | Dieu
tout - puis - sant | nous
fas - se | mi-sé-ri-cor-

de, | et | qu'a - près nous | a - voir | par-don - né | nos | pé-chés, | il | nous | con-dui - se | à | la | vie é-ter-nel-le.

Ain-si | soit-il.

4. Que | le | Sei-gneur | tout-puis-sant et | tout | mi-sé ri-

cor-dieux | nous | ac-cor-de | l'in-dul-gen-ce , | l'ab-so-lu-ti-on et | la | ré-mis-si-on de tous | nos | pé-chés.

Ainsi | soit-il.

5. AC-TE | DE | CON-TRI-TI-ON.

Mon | Dieu , | je suis | tris-te, | de | tout mon | cœur, | de | vous a-voir - | of - fen - sé ; par-ce-que | vous | ê-tes in-fi-ni ment | bon, | et que | le | pé-ché | vous dé-plaît : | je | vous pro-mets, | a-vec | le se-cours | de | vo-tre sain-te | grâ-ce, | de me | cor - ri - ger | de tous | mes | pé-chés, de | m'en | bien | con- fes-ser | et | d'en | fai- re | pé-ni-ten-ce, | et j'ai - me - rais | mieux

mou-rir | que | de
vous | of-fen-ser | en-
co-re.

VII.

LES | DIX | COM-MAN-DE-MENTS DE | DIEU

---

1. Un | seul | Dieu

tu a-do-re-ras, | et ai-me-ras | par-fai-te-ment.

2. Dieu | en | vain tu | ne | ju-re-ras, | ni au-tre | cho-se | pa-reil-le-ment.

3. Les | Di-man-ches | tu | gar-de-ras, en | ser-vant | Dieu

dé-vo-te-ment.

4. Tes | pè-re | et mè-re | ho-no-re-ras, a-fin | que | tu | vi-ves lon-gue-ment.

5. Ho - mi - ci - de point | ne | se-ras, | de fait | ni | vo-lon-tai-re-ment.

6. Lu-xu-ri-eux | point

ne | se-ras, | de | corps
ni | de ｙ con-sen-te-
ment.

7· Les | biens | d'au-
trui | tu | ne | pren-
dras, | ni | re-tien-dras
in-jus-te-ment.

8. Faux | té - moi -
gna-ge | tu | ne | di-
ras, | ni | men-ti-ras

au-cu-ne-ment.

9. L'œu-vre | de | la chair | tu | ne | dé-si-re-ras, | que | dans le | ma-ri-a-ge | seu-le-ment.

10. Les | biens | d'au-trui | tu | ne | con-voi-te-ras, | pour | les a-voir | in-jus-te-ment.

VIII.

LES | SIX | COM-MAN-DE-MENTS | DE L'É-GLI-SE.

1. Les | fê-tes | tu sanc-ti-fi-e-ras , | qui te | sont | de | com-man-de-ment.

2. Les | Di-man-ches

la | mes-se | ou-ï-ras,
et | les | fê-tes | pa-
reil-le-ment.

3. Tous | tes | pé-
chés | con-fes-se-ras,
à | tout | le | moins,
u-ne | fois | l'an.

4. Ton | Cré-a-teur
tu | re-ce-vras, | au
moins | à | Pâ-ques,

hum-ble-ment.

5. Qua - tre - temps, vi-gi-les, | jeû-ne-ras, et | le | ca-rê-me | en-ti-è-re-ment.

6. Ven-dre-di | chair ne | man-ge-ras, | ni le | sa-me-di | pa-reil-le-ment.

IX.

LES | TROIS | PRIN-CI-PAUX | MYS-TÈ-RES.

1. *Le | mys-tè-re de | la | Sain-te | Tri-ni-té.*

C'est | un | seul | Dieu

en | trois | per-son-

nes, | le | Pè-re, | le

Fils | et | le | Saint | Es-

prit.

2. *Le | mys-tè re*

de | l'In-car-na-ti-on.

C'est | Dieu | le | Fils

fait | hom-me, | dans

le | sein | de | la

bien-heu-reu-se | Vierge | Ma-rie, | par | l'o-pé-ra-ti-on | du | Saint-Es-prit.

3. *Le | mys-tè-re de | la | Ré-demp-ti-on.*

C'est | Dieu | le | Fils fait | hom-me, | mort sur | la | croix | pour nous | sau-ver.

Dieu | le | Fils

qui | s'est | fait | hom-
me, | et | qui | est | mort
sur | la | croix, | pour
nous | sau-ver, | s'ap-pel-
le | Jé-sus-Christ.

X.

LES | QUA-TRE | FINS DER-NI-È-RES.

1. LA | MORT.

C'est | la | sé-pa-ra-ti-on | de | no-tre corps | et | de | no-tre â-me; | le | corps | va

3*

pour-rir | dans | la ter-re, | pour | res-sus-ci-ter | à | la | fin | du mon-de, | et | l'â-me va | pa-raî-tre | de-vant Dieu, | pour | ê-tre ju-gée.

2. LE | JU-GE-MENT.

C'est | la | sen-ten-ce que | Dieu | por-te

pour | no-tre | sa-lut, | ou
no-tre | dam-na-ti-on
é-ter-nel-le, | a-près | a-
voir | ex-a-mi-né | tou-
tes | les | pen-sées, | tou-
tes | les | pa-ro-les, | et
tou-tes | les | ac-ti-ons
de | no-tre | vie, | tout
le | bien | et | tout | le
mal | que | nous | a—

vons | fait | sur | la ter-re.

Nous | su-bi-rons tous, | deux | ju-ge-ments.

1. Le | pre-mier | ar-ri-ve-ra | aus-si-tôt | a-près | la | mort. | On l'ap-pel-le | ju-ge-ment par-ti-cu-lier; | par-ce

que | l'â-me | pa-raît
a-lors | seu-le | de-vant
Dieu|pour|ê-tre|ju-gée
seu-le | et | en | par-ti-
cu-lier, | et | al-ler | en
Pa-ra-dis,|ou | en| Pur-
ga-toi-re, | ou | en | En-
fer,| selon | qu'el-le | l'a
mé-ri-té.

2. Le | deux-iè-me

ju-ge-ment | ar-ri-ve-ra
à | la | fin | du | mon-de,
lors-que | Jé-sus-Christ
vien-dra | sur | la | ter-re
pour | ju-ger | tous | les
hom-mes. | On | l'ap-
pel-le | ju-ge-ment | gé-
né-ral; | par-ce-que
les | hom-mes | qui
se-ront | tous | res-sus-

ci-tés | a-lors | se-ront | ju-gés | tous | en-sem-ble pour | al-ler | en | corps et | en | â-me, | les bons dans | le | Pa-ra-dis, | et les | mé-chants | dans l'En-fer, | pen-dant | l'é-ter-ni-té.

3. LE | PA-RA-DIS.

C'est | un | lieu | tout

rem-pli | de | gloi-re | et
de | dé-li-ces, | où | tous
ceux | qui | au ront
bien | vé-cu | sur | la
ter-re, | et | qui | se ront
morts | dans | l'a-mi-ti-é
de | Dieu, | se-ront
bien-heu-reux | pour
tou-jours, | ver-ront
Dieu, | l'ai-me-ront | et

le | pos-sé-de-ront | a-
vec | les | An-ges | et
les | Saints | pen-dant
l'é-ter-ni-té.

4. L'EN-FER.

C'est | un | lieu | tout
rem-pli | d'hor-reur | et
de | tour-ments, | où
tous | ceux | qui | n'au-
ront | pas | bien | vé-cu

sur | la | ter-re, | et

qui | se-ront | morts

dans | le | pé-ché | mor-

tel, | se-ront | mal-heu-

reux | pour | tou-jours

et | brû-le-ront | é-ter-

nel-le-ment | a-vec

les | dé-mons | dans

des | feux | dé-vo-rants

qui | ne | s'é-tein-dront

ja-mais.

Il | y | a | aus-si | un Pur-ga-toi-re. | C'est un | lieu | de | souf fran-ces, | où | les | â-mes | de | ceux | qui sont | morts | dans | l'a-mi-ti-é | de | Dieu, | mais qui | n'a-vaient | pas as-sez | ex-pi-é | leurs pé- chés | a - vant | de mou-rir, | souf-frent | de gran-des | pei-nes | jus-qu'à | ce | qu'el-les | soient tout-à-fait | pu-ri-fi-ées pour | en-trer | en | Pa-ra-dis.

A-près | le | ju-ge-ment | gé-né-ral, | il n'y | au-ra | plus | de Pur-ga-toi-re; | et | ceux

qui | n'au-ront | a-lors
é-té | en | Pur-ga-toi-re
que | de-puis | peu | de
temps, | ou | qui | se-ront
res-tés | les | der-niers
sur | la | ter-re, | au-
ront | souf-fert | des
pei-nes | plus | gran-des
et | pro-por-ti-on-nées
à | la | jus-te | ex-pi-a-ti-
on | de | leurs | pé-chés.

IX.

LES | SEPT | SA-CRE-MENTS.

1. LE | BAP-TÊ-ME.

C'est | un | Sa-cre-ment - qui | ef-fa-ce le | pé-ché | o-ri-gi-nel, | qui | nous | vient d'A-dam, | nous | fait Chré-ti-ens, | en-fants de | Dieu | et | de | l'É-gli-se.

Le | Bap-tê-me | est ab-so-lu-ment | né-ces-sai-re | pour | ê-tre | sau-vé; | par-ce-que | Jé-sus-Christ | a | dit | que sans | le | Bap-tê-me

per-son-ne | n'en-tre-ra
dans | le | roy-au-me
des | cieux.

2. LA | CON-FIR-MA-TI-ON.

C'est | un | Sa-cre-
ment | qui | nous | don-
ne | le | Saint-Es-prit
a-vec | l'a-bon-dan-ce
de | ses | dons, | pour
nous | for-ti-fi-er | dans

la | foi | et | nous | ren-dre | par-faits | chré-ti-ens. | Ceux | qui né-gli-gent | de | rece-voir | la | Con-fir-ma-ti-on|of-fen-sent|Dieu, et | sont | pri-vés | des grâces | at-ta-chées | à ce | sa-cre-ment.

3. L'EU-CHA-RIS-TIE.

C'est | un | sa-cre-ment | qui | con-tient le | corps, | le | sang, l'â-me | et | la | Di-vi-ni-té | de | No-tre-Sei-gneur | Jé-sus-Christ, sous | les | ap-pa-ren-ces | du | pain | et | du vin. | On | re-çoit | le sa-cre-ment | de | l'Eu-cha-ris-tie, | quand | on a | le | bon-heur | de com-mu-nier. | On | re-çoit | a-lors | le | vrai corps | et | le | vrai sang | de | No-tre-Sei-gneur | Jé-sus-Christ.

L'Eu-cha-ris-tie | est aus-si | un | sa-cri-fi-ce;

on | l'ap-pel-le | *le*
Saint | *Sa-cri-fi-ce* | *de*
la | *Mes-se,* | dans | le-
quel | No-tre-Sei-gneur
Jé-sus-Christ | s'of-fre
par | les | mains | des
prê-tres, | à | Dieu | son
Pè-re, | pour | nos
pé-chés, | com-me | il
s'est | of-fert | en | mou-

rant | sur | la | Croix ; | il | nous | ap-pli-que | les | grâ-ces | qu'il | nous | a | mé-ri-tées | par | sa | pas-si-on | et | sa | mort.

4. LA | PÉ-NI-TEN-CE.

C'est | un | sa-cre-ment | qui | re-met | les | pé-chés | com-mis | a-près | le | Bap-tê-me.

4*

On | re-çoit | le | par-don | de | ses | pé-chés, | quand | on | fait u-ne | bon-ne | con-fes-si-on | et | qu'on | re-çoit | l'ab-so-lu-ti-on.

Le | sa-cre-ment | de Pé-ni-ten-ce | est né-ces-sai-re | pour | ê-tre sau-vé | à | tous | ceux qui | sont | tom-bés

dans | le | pé-ché | mor-

tel | a-près | le | Bap-

tê-me.

5. L'EX-TRÊ-ME- | ONC-

TI-ON.

C'est | un | sa-cre-

ment | ins-ti-tu-é | pour

le | sou-la-ge-ment | spi-

ri-tu-el | et | cor-po-rel

de | ceux | qui | sont

dan - ge - reu - se - ment

ma-la-des.

6. L'OR-DRE.

C'est | un | sa-cre-

ment | qui | don-ne,

à | ceux | qui | sont

or-don-nés | par | l'é-

vê-que, | le | pou-voir

de | fai-re | les | fonc-

ti-ons | ec-clé-si-as-ti-
ques, | et | la | grâce
de | les | rem-plir | sain-
te-ment.

7. LE | MA-RI-A-GE.

C'est | un | sa-cre-
ment | qui | bé-nit
l'u-ni-on | lé-gi-ti-me
de | l'hom-me | et | de
la | fem-me.

XII.

L'É-GLI-SE | ET | LA COM-MU-NI-ON DES | SAINTS.

1. L'É-GLI-SE.

C'est | la | so-ci-é-té de | tous | les | chré-ti-ens | qui | sont gou-ver-nés | par | le

Pa-pe | et | par | les É-vê-ques.

Pour | ê-tre | en-fant de | l'É-gli-se, | il | faut a-voir | été | bap-ti-sé, croi-re | tou-tes | les vé-ri-tés | que | l'É-gli-se | en-sei-gne | et | ê-tre sou-mis | au | Pa-pe et | aux | É-vê-ques.

Les | *pa-yens,* | les | *juifs,* | les | *turcs* | ne | sont | pas | en-fants | de | l'É-gli-se; | par-ce | qu'ils | n'-ont | pas | é-té | bap-ti-sés.

Les | *pro-tes-tants* | et | tous | les | *hé-ré-ti-ques* | ne | sont | pas | en-fants | de l'É-gli-se, | par-ce-qu'-ils | ne | croi-ent pas | tou-tes | les | vé-ri-tés | que | l'É-gli-se en-sei-gne.

Les | *schis-ma-ti-ques* | ne | sont | pas en-fants | de | l'É-gli-se, | par-ce-qu'-ils | ne sont | pas | sou-mis au | Pa-pe.

Les | *a-pos-tats* | ne | sont | pas | en - fants | de | l'É-gli-se, | par-ce-qu'ils | ont | a-ban-don-né | l'É-gli-se.

Les | *ex - com - mu-ni-és* | ne | sont | pas | en-fants | de | l'É-gli-se, | par-ce-que | l'É-

gli-se | les | a | re≡
je-tés | à | cau-se | de
leurs | pé-chés.

---

2. LA | COM-MU-NI-ON
DES | SAINTS.

C'est | l'u-ni-on | de
tous | les | en-fants
de | l'É-gli-se | qui
sont | dans | le | ciel,

dans | le | pur-ga-toi-re
et | sur | la | ter-re,
et | à | qui | les | biens
spi-ri-tu-els | de | l'É-
gli-se | sont | com—
muns.

Nous | som-mes
u-nis | en-tre- | nous;
car | nous | nous | ai-
dons | les | uns | les

au-tres | par | nos
pri-è-res | et | nos
bon-nes | œu-vres.

Nous | som-mes
u-nis | aux | Saints,
car | nous | les | pri-
ons | et | nous | les
ho - no - rons , | et
les | Saints | nous
ai-dent | par | leurs

pri-è-res.

Les | â-mes | du Pur-ga-toi-re | sont u-nies | aux | Saints | et à | nous, | car | el-les sont | sou-la-gées | par nos | pri-è-res, | nos sa-cri-fi-ces | et | par les | pri-è-res | des Saints, | et | el-les nous | as-sis-te-ront

aus-si | quand | el-les

se-ront | ar-ri-vées | en

Pa-ra-dis.

Les | biens | spi-

ri-tu-els | com-muns

à | tous | les | en-fants

de | l'É-gli-se, | sont

les | Sa-cre-ments, | la

sain-te | Mes-se | et

tou-tes | nos | bon-nes

œu-vres.

XIII.

LES | VER-TUS | MO-RA-LES | ET | LE PÉ-CHÉ.

---

1. LES | VER-TUS | MO-RA-LES.

Ce | sont | les | bon--

nes | qua-li-tés | de no-tre | â-me, | qui nous | por-tent | à fai-re | le | bien | et à | é-vi-ter | le | pé-ché.

Ver-tus | car-di-na-les.

Il | y | a | qua-tre | ver-tus | qu'on | ap-pel-le ver-tus | car-di-na-les, par-ce-qu'el-les | sou—

tien-nent | les | au-tres |

ver-tus. | Ce | sont |

la | Pru-den-ce, | la |

Jus-ti-ce, | la | For-ce |

et | la | Tem-pé-ran-ce.

---

2. LE | PÉ-CHÉ.

C'est | u-ne | dé-so-

bé-is-san-ce | à | la

loi | de | Dieu | par
des | pen-sées, | par
des | dé-sirs, | par
des | pa-ro-les, | par
des | ac-ti-ons | que
Dieu | dé-fend, | ou
par | l'o-mis-si-on | des
cho-ses | que | Dieu
com-man-de.

Pé-ché | o-ri-gi-nel.

Le | pé-ché | qu'on ap-por-te | en | ve-nant au | mon-de, | et | qui vient | de | la | dé-so-bé-is-san-ce | d'A-dam, s'ap-pel-le | pé ché o-ri-gi-nel, | par-ce-qu'il | vient | de | no-tre | o-ri-gi-ne.

Pé-ché | ac-tu-el.

Le | pé-ché | qu'on fait, | quand | on | a l'â-ge | de | rai-son, en | dé-so-bé-is-sant à | la | loi | de Dieu | par | des | pen-sées, | par | des | dé-sirs, | par | des | pa-ro-les, | par | des

ac-ti-ons | que | Dieu
dé-fend, | ou | par
l'o-mis-si-on | des
cho-ses | que | Dieu
com-man-de | s'ap-
pel-le | pé-ché | ac-
tu-el.

Pé-ché | *mor-tel.*

Quand | le | pé-ché
est | grand, | on | l'ap-

pel-le | pé-ché | mor-tel; | il | don-ne | la mort | à | l'â-me, | en lui | fai-sant | per-dre l'a-mi-tié | de | Dieu, et | il | mé-ri-te | l'En-fer.

Pé-ché | vé-ni-el.

Quand | le | pé-ché n'est | pas | grand,

on | l'ap-pel-le | pé-ché vé-ni-el; | il | di-mi-nue | l'a-mi-tié | de Dieu, | et | mé-ri-te des | pei-nes, | en cet-te | vie | ou | dans le | Pur-ga-toi-re.

Pé-chés | ca-pi-taux.

Il | y | a | sept pé-chés | qu'on | ap-

pel-le | pé-chés | ca-
pi-taux, | par-ce-qu'ils
pro-dui-sent | les | au-
tres | pé-chés.

Ce | sont : | l'or-
gueil, | l'a-va-ri-ce , | la
lu-xu-re, | l'en-vie, | la
gour-man-di-se , | la
co-lè-re | et | la | pa-
res-se.

XIV.

LA | GRÂ-CE | ET LA | PRI-È-RE.

1. LA | GRÂ-CE.

Pour | con-ser-ver | l'a-mi-tié | de | Dieu, pour | fai-re | le | bien et | é-vi-ter | le | péché, | nous | a-vons be-soin | de | l'as-sis-tan-ce | de | Dieu ; cet-te | as-sis-tan-ce | de Dieu | s'ap-pel-le | la grâ-ce | de | Dieu ; l'a-mi-tié | de | Dieu s'ap-pel-le aus-si | la grâ-ce | de | Dieu.

Grâ-ce | ac-tu-el-le.

L'as-sis-tan-ce | par la-quel-le | Dieu | nous ai-de | à | fai-re | le bien | et | à | é-vi-ter le | pé-ché, | se | nom-me | grâ-ce | ac-tu-el-le; | par-ce-qu'el-le nous | ai-de | à | a-gir dans | le | mo-ment où |. nous | vou-lons

fai-re | le | bien | et

é-vi-ter | le | pé-ché.

Grâ-ce | ha-bi-tu-el-le.

L'a-mi-tié | de | Dieu,

qui | u-nit | Dieu | à

no-tre | â-me, | se

nom-me | grâ-ce | ha-

bi-tu-el-le, | par-ce-

qu'el-le | ha-bi-te | tou-

jours | dans | no,-tre
â-me | quand | il | n'y
a | point | de | pé-ché
mor-tel.

---

2. LA | PRI-È-RE.

C'est | u-ne | é-lé-
va-ti-on | de | no-tre
â-me | qui | s'a-dres-
se | à | Dieu, | pour

l'a-do-rer, | le | re-mer-ci-er, | lui | de-man-der | son | as-sis-tan-ce | et | le | par-don de | nos | pé-chés·

Jé-sus, | sau-vez-moi ! Ma-rie, | as-sis-tez-moi !

Di-vin | cœur | de

Jé-sus, | cœur | im-ma-cu-lé | de | Ma-rie, | je veux | vous | ai-mer tou-jours | de | plus en | plus.

O | Ma-rie, | con-çue sans | pé-ché, | pri-ez pour | nous | qui | a-vons | re-cours | à | vous.

TROISIÈME PARTIE.

I.

LE SIGNE DE LA CROIX.

Au nom du Père, et du Fils, et du Saint-Esprit.

Ainsi soit-il.

II.

L'ORAISON DOMINICALE.

Notre Père qui êtes dans les cieux ;

1. Que votre nom soit sanctifié.

2. Que votre règne arrive.

3. Que votre volonté soit faite, sur la terre comme dans le Ciel.

4. Donnez-nous aujourd'hui notre pain de chaque jour.

5. Pardonnez-nous nos offenses, comme nous pardonnons à ceux qui nous ont offensés.

6. Et ne nous abandonnez pas à la tentation.

7. Mais délivrez-nous du mal. Ainsi soit-il.

III.

LA SALUTATION ANGÉLIQUE.

1. Je vous salue, Marie, pleine de grâce, le Seigneur est avec vous.

2. Vous êtes bénie par-dessus toutes les femmes, et Jésus, le fruit de votre sein, est béni.

3. Sainte Marie, Mère de

Dieu, priez pour nous, pauvres pécheurs, maintenant et à l'heure de notre mort.

Ainsi soit-il.

IV.

LE SYMBOLE DES APÔTRES.

---

1. Je crois en Dieu, le Père tout-puissant, Créateur du Ciel et de la terre;

2. Et en Jésus-Christ, son fils unique, notre Seigneur;

3. Qui a été conçu du Saint-Esprit, est né de la Vierge Marie;

4. Qui a souffert sous Ponce Pilate, a été crucifié, est mort et a été enseveli;

5. Qui est descendu aux Enfers, est ressuscité, le troisième jour, d'entre les morts.

6. Qui est monté aux cieux, est assis à la droite de Dieu, le Père tout-puissant;

7. Et qui de là viendra juger les vivants et les morts ;

8. Je crois au Saint-Esprit ;

9. La Sainte Église Catholique, la communion des Saints;

10. La rémission des péchés;

11. La résurrection de la chair ;

12. La vie éternelle.

Ainsi soit-il.

V.

LES TROIS VERTUS THÉO-LOGALES.

La Foi, l'Espérance et la Charité.

I. ACTE DE FOI.

Mon Dieu, je crois fermement toutes les vérités qui sont enseignées par l'Église Catholique, Apostolique et Romaine ; parce que vous lui avez dit et révélé tout ce qu'elle nous enseigne, et que vous ne pouvez pas nous tromper.

---

2. ACTE D'ESPÉRANCE.

Mon Dieu, j'espère par votre miséricorde, que vous me pardonnerez tous mes péchés, et que vous me ferez la grâce de bien vivre et d'arriver en Paradis ; parce que vous nous l'avez promis , et que Jésus-Christ nous l'a mérité.

---

3. ACTE DE CHARITÉ.

Mon Dieu, je vous aime de tout mon cœur et par-dessus toutes choses ; parce que vous êtes souverainement aimable , et j'aime le prochain comme moi-même pour l'amour de vous.

VI.

LA CONFESSION DES PÉCHÉS.

1. Je confesse à Dieu tout-puissant, à la bienheureuse Marie toujours Vierge, à Saint Michel Archange, à Saint Jean-Baptiste, aux Apôtres Saint Pierre et Saint Paul, à tous les Saints, que j'ai beaucoup pé-

ché, par pensées, par paroles, par actions et par omissions; c'est ma faute, c'est ma faute, c'est ma très-grande faute :

2. C'est pourquoi je supplie la bienheureuse Marie toujours Vierge, Saint Michel Archange, Saint Jean-Baptiste, les Apôtres Saint Pierre et Saint Paul, tous les Saints, de prier pour moi le Seigneur notre Dieu;

3. Que le Dieu tout-puissant nous fasse miséricorde, et qu'a-

près nous avoir pardonné nos péchés, il nous conduise à la vie éternelle,

Ainsi soit-il.

4. Que le Seigneur tout-puissant et tout miséricordieux nous accorde l'indulgence, l'absolution et la rémission de tous nos péchés.

Ainsi soit-il.

5. ACTE DE CONTRITION.

Mon Dieu, je suis triste de

tout mon cœur, de vous avoir offensé, parce que vous êtes infiniment bon, et que le péché vous déplaît : je vous promets, avec le secours de votre sainte grâce, de me corriger de tous mes péchés, de m'en bien confesser et d'en faire pénitence, et j'aimerais mieux mourir que de vous offenser encore.

VII.

LES DIX COMMANDE-MENTS DE DIEU.

1. Un seul Dieu tu adoreras, et aimeras parfaitement.

2. Dieu en vain tu ne jureras ni autre chose pareillement.

3. Les dimanches tu garderas, en servant Dieu dévotement.

4. Tes père et mère honoreras, afin que tu vives longuement.

5, Homicide point ne seras, de fait, ni volontairement.

6. Luxurieux point ne seras, de corps ni de consentement.

7. Les biens d'autrui, tu ne prendras, ni retiendras injustement.

8. Faux témoignage tu ne diras, ni mentiras aucunement.

9. L'œuvre de la chair tu ne désireras, que dans le ma-

riage seulement.

1o. Les biens d'autrui tu ne convoiteras, pour les avoir injustement.

VIII.

LES SIX COMMANDE-MENTS DE L'ÉGLISE.

1. Les fêtes tu sanctifieras, qui te sont de commandement.

2. Les Dimanches la messe ouïras, et les fêtes pareillement.

3. Tous tes péchés confesseras, à tout le moins une fois l'an.

4. Ton Créateur tu recevras, au moins à Pâques humblement.

5. Quatre - temps, vigiles jeûneras, et le carême entièrement.

6. Vendredi chair ne mangeras, ni le samedi pareillement.

LES TROIS PRINCIPAUX MYSTÈRES.

1. *Le mystère de la Sainte-Trinité.*

C'est un seul Dieu en trois personnes, le Père, le Fils et le Saint-Esprit.

2. *Le mystère de l'Incarnation.*

C'est le Fils de Dieu fait homme dans le sein de la bien-

7*

heureuse Vierge Marie, par
l'opération du Saint-Esprit.

3. *Le mystère de la Rédemp-
tion.*

C'est Dieu le Fils fait hom-
me, mort en croix pour nous
sauver.

Le fils de Dieu qui s'est fait
homme, et qui est mort sur la
croix, pour nous sauver, s'ap-
pelle Jésus-Christ.

X.

LES QUATRE FINS DER-NIÈRES.

I. LA MORT.

C'est la séparation de notre corps et de notre ame; le corps va pourrir dans la terre, pour ressusciter à la fin du monde, et l'ame va paraître devant Dieu pour être jugée.

7*

2. LE JUGEMENT.

C'est la sentence que Dieu porte pour notre salut, ou notre damnation éternelle, après avoir examiné toutes les pensées, toutes les paroles, et toutes les actions de notre vie, tout le bien et tout le mal que nous avons fait sur la terre.

Nous subirons tous deux jugements.

1. Le premier arrivera aussitôt après la mort. On l'ap-

pelle jugement particulier, par-
ce que l'ame paraît alors seule
devant Dieu, pour être jugée
seule et en particulier, et aller
en paradis, ou en purgatoire,
ou en enfer, selon qu'elle l'a
mérité.

2. Le deuxième jugement
arrivera à la fin du monde,
lorsque Jésus-Christ viendra
sur la terre pour juger tous
les hommes. On l'appelle le
jugement général, parce que
les hommes, qui seront tous

ressuscités alors, seront jugés tous ensemble pour aller en corps et en ame, les bons dans le Paradis, et les méchants dans l'Enfer, pendant l'éternité.

3. PARADIS.

3. C'est un lieu tout rempli de gloire et de délices, où tous ceux qui auront bien vécu sur la terre, et qui seront morts dans l'amitié de Dieu, seront bienheureux pour toujours, verront Dieu, l'aimeront et le

possèderont avec les Anges et les Saints pendant l'éternité.

4. L'ENFER.

C'est un lieu tout rempli d'horreur et de tourments, où tous ceux qui n'auront pas bien vécu sur la terre, et qui seront morts dans le péché mortel seront malheureux pour toujours et brûleront éternellement avec les démons dans des feux dévorants qui ne s'éteindront jamais.

Il y a aussi un Purgatoire. C'est un lieu de souffrances, où les ames de ceux qui sont morts dans l'amitié de Dieu, mais qui n'avaient pas assez expié leurs péchés avant de mourir, souffrent de grandes peines jusqu'à ce qu'elles soient tout-à-fait purifiées pour entrer en Paradis.

Après le jugement général, il n'y aura plus de Purgatoire ; et ceux qui n'auront alors été en Purgatoire que depuis peu de temps, ou qui seront restés les derniers sur la terre, auront souffert des peines plus grandes et proportionnées à la juste expiation de leurs péchés.

XI.

LES SEPT SACREMENTS.

I. LE BAPTÊME.

C'est un Sacrement qui efface le péché originel, qui

vient d'Adam, nous fait Chrétiens, enfants de Dieu et de l'Église.

Le Baptême est absolument nécessaire pour être sauvé ; parce que Jésus-Christ a dit que sans le Baptême personne n'entrera dans le royaume des Cieux.

2. LA CONFIRMATION.

C'est un Sacrement qui nous donne le Saint-Esprit avec l'abondance de ses grâces, pour nous fortifier dans la foi et nous rendre parfaits chrétiens. Ceux qui négligent de recevoir la Confirmation , offensent Dieu, et sont privés des grâces attachées à ce sacrement.

3. L'EUCHARISTIE.

C'est un Sacrement qui contient le corps, le sang, l'ame et la divinité de Notre-Seigneur Jésus-Christ , sous les apparences du pain et du vin. On reçoit le sacrement de l'Eucharistie, quand on a le bonheur de communier. On reçoit alors le vrai corps et le vrai sang de Notre Seigneur Jésus-Christ.

L'Eucharistie est aussi un sacrifice; on l'appelle *le Saint Sacrifice de la Messe*, dans lequel Notre-Seigneur Jésus-Christ s'offre, par les mains des Prêtres, à Dieu son Père, pour nos péchés, comme il s'est offert en mourant sur la Croix; il nous applique les grâces qu'il nous a méritées par sa passion et sa mort.

4. LA PÉNITENCE.

C'est un Sacrement qui remet les péchés commis après le Baptême. On reçoit le pardon de ses péchés, quand on fait une bonne confession et qu'on reçoit l'absolution.

Le Sacrement de Pénitence est nécessaire pour être sauvé à tous ceux qui sont tombés dans le péché mortel après le Baptême.

5. L'EXTRÊME-ONCTION.

C'est un Sacrement institué pour le soulagement spirituel et corporel de ceux qui sont dangereusement malades.

6. L'ORDRE.

C'est un Sacrement qui donne, à ceux qui sont ordonnés par l'évêque, le pouvoir de faire les fonctions ecclésiastiques, et la grâce de les remplir saintement.

7. LE MARIAGE.

C'est un Sacrement qui bé-nit l'union légitime de l'homme et de la femme.

XII.

L'ÉGLISE ET LA COMMU-NION DES SAINTS.

I. L'ÉGLISE.

C'est la société de tous les

chrétiens qui sont gouvernés par le Pape et par les Évêques.

Pour être enfant de l'Église, il faut avoir été baptisé, croire toutes les vérités que l'Église enseigne et être soumis au Pape et aux Évêques.

Les *payens*, les *juifs*, les *turcs* ne sont pas enfants de l'Église, parce qu'ils n'ont pas été baptisés.

Les *protestants* et tous les *hérétiques* ne sont pas enfants de l'Église, parce qu'ils ne croient pas toutes les vérités que l'Église enseigne.

Les *schismatiques* ne sont pas enfants de l'Église, parce qu'ils ne sont pas soumis au Pape.

Les *apostats* ne sont pas enfants de l'Église, parce qu'ils ont abandonné l'Église.

Les *excommuniés* ne sont pas enfants de l'Église, parce que l'Église les a rejetés à cause de leurs péchés.

2. LA COMMUNION DES SAINTS.

C'est l'union de tous les enfants de l'Église qui sont dans le ciel, dans le purgatoire et sur la terre, et à qui les biens spirituels de l'Église sont communs.

Nous sommes unis entre nous; car nous nous aidons les uns les autres par nos prières et nos bonnes œuvres.

Nous sommes unis aux Saints, car nous les prions et nous les honorons, et les Saints nous aident par leurs prières.

Les ames du Purgatoire sont unies aux Saints et à nous, car elles sont soulagées par nos prières, nos sacrifices et par les prières des Saints, et elles nous assisteront aussi quand elles seront arrivées en Paradis.

Les biens spirituels communs à tous les enfants de l'Eglise sont les Sacrements, la sainte Messe et toutes nos bonnes œuvres.

XIII.

LES VERTUS MORALES ET LE PÉCHÉ.

I. LES VERTUS MORALES.

Ce sont les bonnes qualités de notre ame, qui nous portent à faire le bien et à éviter le péché.

Vertus cardinales.

Il y a quatre vertus qu'on appelle vertus cardinales, parcequ'elles soutiennent les autres vertus. Ce sont la Prudence, la Justice, la Force et la Tempérance.

---

2. LE PÉCHÉ.

C'est une désobéissance à la loi de Dieu par des pensées, par des désirs, par des paroles,

8*

par des actions que Dieu défend, ou par l'omission des choses que Dieu commande.

Péché originel.

Le péché qu'on apporte en venant au monde, et qui vient de la désobéissance d'Adam, s'appelle péché originel, parce qu'il vient de notre origine.

Péché actuel.

Le péché qu'on fait, quand on a l'âge de raison, en désobéissant à la loi de Dieu par des pensées, par des désirs, par des paroles, par des actions que Dieu défend, ou par l'omission des choses que Dieu commande, s'appelle péché actuel.

Péché mortel.

Quand le péché est grand, on l'appelle péché mortel ; il donne la mort à l'ame, en lui faisant perdre l'amitié de Dieu, et il mérite l'Enfer.

Péché véniel.

Quand le péché n'est pas grand, on l'appelle péché véniel; il diminue l'amitié de Dieu, et mérite des peines, en cette vie ou dans le Purgatoire.

Péchés capitaux.

Il y a sept péchés, qu'on appelle péchés capitaux, parce qu'ils produisent les autres péchés.

Ce sont : l'orgueil, l'avarice, la luxure, l'envie, la gourmandise, la colère et la paresse.

XIV.

LA GRACE ET LA PRIÈRE.

I. LA GRACE.

Pour conserver l'amitié de Dieu, pour faire le bien et éviter le péché, nous avons besoin de l'assistance de Dieu ;

cette assistance de Dieu s'appelle grâce de Dieu ; l'amitié de Dieu s'appelle aussi la grâce de Dieu.

Grâce actuelle.

L'assistance par laquelle Dieu nous aide à faire le bien et à éviter le péché, se nomme grâce actuelle, parce qu'elle nous aide à agir dans le moment où nous voulons faire le bien et éviter le péché.

Grâce habituelle.

L'amitié de Dieu, qui unit Dieu à notre ame, se nomme grâce habituelle, parce qu'elle habite toujours dans notre ame quand il n'y a point de péché mortel.

---

2. LA PRIÈRE.

C'est une élévation de notre ame qui s'adresse à Dieu, pour l'adorer, le remercier, lui demander son assistance et le pardon de nos péchés.

Jésus, sauvez-moi !
Marie, assistez-moi !

Divin cœur de Jésus, cœur immaculé de Marie, je veux vous aimer toujours de plus en plus.

O Marie, conçue sans péché, priez pour nous, qui avons recours à vous.

FIN.

www.ingramcontent.com/pod-product-compliance
Lightning Source LLC
Chambersburg PA
CBHW071800090426
42737CB00012B/1896